Trânsito 4

Silvio José Mazalotti de Araújo

Graduado em Direito (UFPR). Coronel da Reserva da Polícia Militar do Paraná.

Marli Tereza de Araújo Honaiser

Graduada em Pedagogia.

1ª edição
Curitiba
2013

Movimento com responsabilidade

Dados para catalogação
Bibliotecária responsável Luciane Magalhães Melo Novinski
CRB 1253/9 – Curitiba, PR.

Araújo, Silvio José Mazalotti de.

Trânsito : movimento com responsabilidade, 4 / Silvio José Mazalotti de Araújo, Marli Tereza de Araújo Honaiser ; ilustrações Adriano Loyola, Ivan Sória Fernandez – Curitiba : Base Editorial, 2013

64p. : il. ; 28cm (Coleção Trânsito, v.4)

ISBN: 978-85-7905-839-4
Inclui bibliografia.

1. Trânsito. 2. Segurança no trânsito. 3. Sinais e sinalização. I. Honaiser, Marli Tereza de Araújo. II. Título. III. Série.

CDD (20ª ed.) 388.31

Trânsito : movimento com responsabilidade, 4
© Marli T. de A. Honaiser; Silvio J. M. de Araújo.
2013

Ficha técnica

Conselho editorial
Mauricio Carvalho
Oralda A. de Souza
Renato Guimarães
Dimitri Vasic
Carina Adur de Souza

Coordenador editorial
Jorge Alves Martins

Editor
Carmen Lucia Gabardo

Iconografia
Osmarina F. Tosta

Revisão
Caibar Pereira Magalhães Júnior

Projeto gráfico e capa
Fernanda Luiza Fontes

Editoração
CWB design

Ilustrações
Adriano Loyola
Ivan Sória Fernandez

Editoração e Finalização
Solange Eschipio

Base Editorial Ltda.
Rua Antônio Martin de Araújo, 343 • Jardim Botânico • CEP 80210-050
Tel.: (41) 3264-4114 • Fax: (41) 3264-8471 • Curitiba • Paraná
www.baseeditora.com.br • baseeditora@baseeditora.com.br

CTP, Impressão e Acabamento
IBEP Gráfica

Apresentação

Olá, crianças!

O trânsito surgiu das necessidades dos deslocamentos humanos e, ao longo dos anos, foi se transformando. Surgiram veículos cada vez mais eficientes e rápidos e, consequentemente, as vias foram se modernizando para atender a essa evolução.

Mesmo com todas essas mudanças, a vida do ser humano é e continuará sendo o fator mais importante nesse sistema.

Reconhecer todos os cuidados que devemos ter para preservar a nossa vida e a vida de todos é atitude responsável no trânsito.

Os autores

Sumário

1. Deslocamentos no trânsito 08
A necessidade de deslocamentos 08
Os deslocamentos nas grandes cidades 10
A sinalização de trânsito 15

2. A evolução dos meios de transporte 22
A evolução no trânsito 22
Da maria-fumaça ao metrô 27
A importância do transporte coletivo 31

3. Conhecendo a minha cidade 34
Minha cidade 34
Trânsito e progresso 38
A boa convivência no transporte coletivo 40

4. Respeitando os espaços 44

    Os esportes radicais sobre rodas 44

    Sempre atento 46

5. O pedestre nota 10 49

    Os desafios da atualidade 49

    Nossos comportamentos 51

    Placas de sinalização de trânsito 55

        Placas de regulamentação 55

        Placas de advertência 58

Referências 63

Movimento com responsabilidade

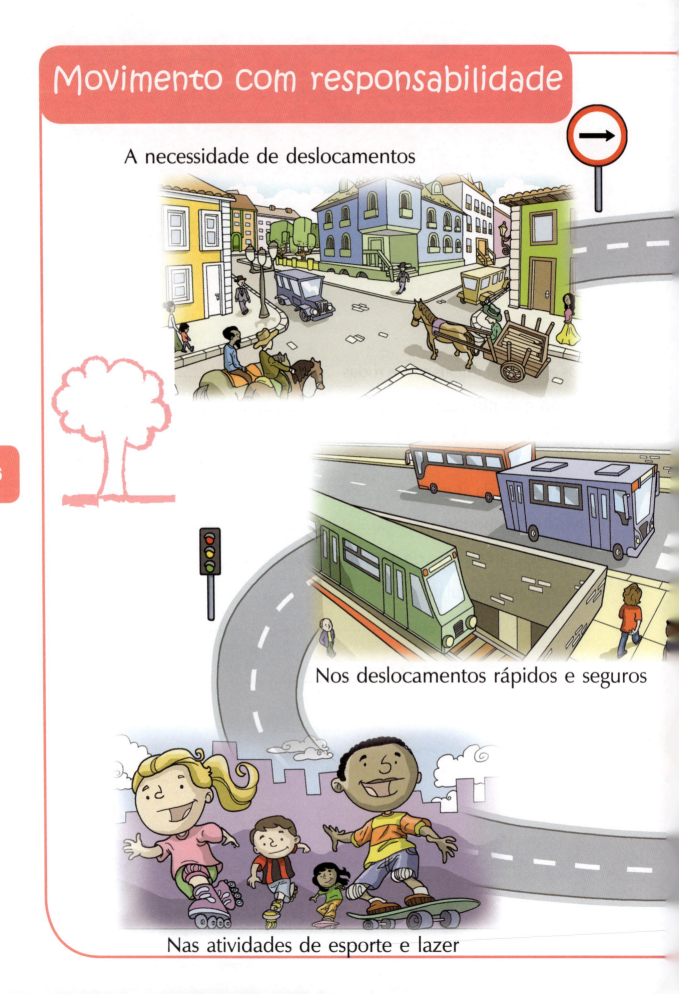

A necessidade de deslocamentos

Nos deslocamentos rápidos e seguros

Nas atividades de esporte e lazer

1 Deslocamentos no trânsito

A necessidade de deslocamentos

Antigamente as pessoas tinham uma vida mais calma, já que quase sempre viviam em cidades ou grupos menores.

À medida que os agrupamentos humanos foram crescendo, surgiram novas necessidades: hospitais, escolas, lojas, centros comerciais, igrejas, fábricas e muitas outras coisas apareceram para suprir a carência da população daquelas regiões ou cidades.

A movimentação das pessoas exigiu vias mais modernas e adequadas, deslocamentos mais rápidos.

Assim, os caminhos estreitos de antigamente se transformaram em ruas calçadas que, mais tarde, foram pavimentadas e tornaram-se avenidas e vias expressas das grandes cidades.

Recorte!

1. Baseado no texto, recorte gravuras de revistas para ilustrar os quadros.

   a) Cena antiga de deslocamento:

b) Cena moderna de deslocamento:

10 Os deslocamentos nas grandes cidades

As cidades são organizadas para atender às necessidades de deslocamento de seus habitantes.

Para isso, é necessário que se estabeleçam normas e regras para o uso do espaço de circulação do sistema de transporte de pessoas, objetos e produtos, garantindo a harmonia e a segurança de todos no trânsito.

O Código de Trânsito Brasileiro cuida da segurança do pedestre ao estabelecer que ele não deve:

 permanecer ou andar nas pistas de rolamento, exceto para cruzá-las onde for permitido;

 cruzar pistas de rolamento nos viadutos, pontes ou túneis e áreas de cruzamento fora da faixa de travessia, passarela ou passagem especial;

Pistas de rolamento são os locais onde transitam os veículos.

 promover aglomerações na via ou utilizar-se dela para folguedos, esporte, etc. sem a devida licença da autoridade de trânsito.

"No trânsito, a ação responsável tem a preferência."

Desenhe!

Faça um desenho que represente uma ação responsável no trânsito.

Passarela

É uma estrutura aérea sobre uma via de trânsito, destinada ao uso dos pedestres na sua transposição.

Passarela, em Vila Bela Vista, São Paulo (SP), 2008.

Viaduto

Obra de construção civil destinada a transpor uma depressão de terreno ou servir de passagem superior. Nas grandes cidades, essas obras são construídas com a finalidade de dar mais fluidez ao trânsito.

Viaduto. Anhangabaú, São Paulo (SP), 2006.

Túnel

Galeria subterrânea para dar passagem a uma via de comunicação de trânsito.

Túnel em Washington (EUA), 2008.

Passagem subterrânea

Passagem de via em desnível subterrâneo.

Passagem subterrânea, Santiago (Chile), 2007.

Ponte

Construção de uma via de trânsito sobre um rio ou depressão de terreno.

Ponte Juscelino Kubitschek, Brasília, 2010.

Complete!

O pedestre tem que ver e ser visto pelos veículos que trafegam nas vias.

Complete as frases abaixo com as palavras CRUZE ou NÃO CRUZE.

1. _____ a pista em viadutos.

2. _____ a via pública somente na faixa própria para pedestre, obedecendo à sinalização, se existir.

3. _____ a pista em pontes ou túneis, onde a visibilidade não é boa para os motoristas nem para os pedestres.

A sinalização de trânsito

As vias devem ser sinalizadas para orientar, advertir e disciplinar os condutores de veículos e pedestres.

Para a sinalização de trânsito são utilizadas placas, marcas, luzes, gestos e sons.

Sinalização horizontal

Compreende marcas, símbolos e legendas demarcados sobre o leito das vias. Têm como função organizar o fluxo de veículos e pedestres.

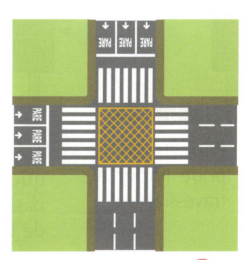

Sinalização semafórica

É uma sinalização viária composta de sinais luminosos, cuja função é controlar os deslocamentos, alternando a passagem dos veículos e dos pedestres.

Sinalização semafórica de regulamentação

Atenção

Indica a iminência da parada obrigatória.

Pare

Indica parada obrigatória.

Siga

Indica permissão para passar.

Vermelho

Pedestre não pode iniciar a travessia.

Vermelho intermitente

Assinala que a fase em que o pedestre pode passar está na iminência de terminar.

Verde

Indica que o pedestre pode passar.

a circulação de veículos no centro de Roma durante o dia. Estabeleceu também ruas de mão única e locais para estacionamento de carroças.

No final do século XV, no México, para organizar o espaço do tráfego de veículos, foram pintadas duas faixas coloridas no meio das estradas.

Em 1722, surgem os primeiros guardas de trânsito da história. Foram colocados três homens para controlar e organizar o trânsito na ponte de Londres, Inglaterra.

Primeiro acidente de trânsito.

Em 1769, um francês chamado Cugnot, com um veículo que andava a 4 km/h, chocou-se no muro do quartel onde servia como engenheiro militar.

Em 1803, surgiu o veículo movido a vapor, que chegava a atingir uma velocidade de 13 km/h. Era muito barulhento e assustava as pessoas.

Transporte de vapor nas ruas de Londres – Pintura por Terence Cuneo (1907-1996).

Em 1885, o trio francês Albert de Dion, Charles-Armand Trépardoux e George Bouton inventou um veículo de quatro rodas e dois motores a vapor que atingia uma velocidade de 40 km/h.

Veículo de Albert de Dion, Charles-Armand e George Bouton.

O triciclo de Karl Benz é considerado o primeiro automóvel da história. Criado em 1886, na Alemanha, tinha um motor monocilíndrico horizontal de 580 cm³ e 0,7 cv de potência. Considerado uma verdadeira obra-prima da engenharia no final do século passado, esse modelo original pertence ao Museu da Mercedez-Benz, na Alemanha.

Triciclo. Réplica do modelo criado por Karl Benz.

2. A sinalização de trânsito é uma comunicação. Cite outras formas de comunicação que não são de trânsito.

_____
_____
_____
_____
_____

3. Entrevoste um agente de trânsito e procure saber sobre:

   a) Seu local de trabalho.

   b) Carga horária de trabalho diário.

   c) Importância de seu trabalho na segurança do trânsito.

_____
_____
_____
_____
_____
_____
_____
_____
_____
_____

2 A evolução dos meios de transporte

A evolução no trânsito

Antes da invenção da roda, os homens utilizavam os animais para o transporte de cargas e pessoas.

Com a invenção da roda, surgiram as carroças e, mais tarde, as carruagens, veículos utilizados em todas as civilizações antigas.

Por volta de 500 a.C., surgiram as primeiras vias projetadas e as primeiras leis de trânsito. O imperador romano Júlio César proibiu

Gestos dos agentes de trânsito

São os movimentos convencionais de braço dos agentes de trânsito, para orientar e indicar o direito de passagem dos veículos.

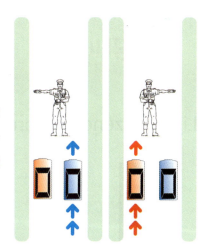

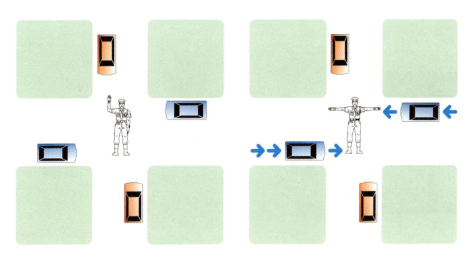

Sinais sonoros dos agentes de trânsito

Os agentes de trânsito utilizam sinais sonoros (apitos) em conjunto com gestos, para disciplinar e orientar o trânsito.

Ex:

Um silvo breve	Siga
Dois silvos breves	Pare

 Ligue!

1. Ligue, fazendo a correspondência:

   SINALIZAÇÃO VERTICAL

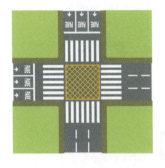   SINALIZAÇÃO SEMAFÓRICA

   SINALIZAÇÃO GESTUAL

   SINALIZAÇÃO HORIZONTAL

Sinalização semafórica de advertência

Sinais luminosos amarelos que advertem sobre a existência de obstáculo ou situação perigosa na via.

Sinalização vertical

Sinalização viária constituída por placas de advertência, de regulamentação e indicativas.

a) Placas de advertência: geralmente são quadradas, com fundo amarelo, e indicam perigo.

Parada obrigatória à frente. Animais. Passagem sinalizada de pedestre. Área escolar.

b) Placas de regulamentação: informam as proibições, obrigações e restrições. Elas têm fundo branco, bordas vermelhas e detalhes pretos.

Proibido trânsito de pedestre. Vire à esquerda. Sentido proibido. Velocidade máxima permitida.

c) Placas indicativas: têm por finalidade identificar as vias, os destinos e os locais de interesse; orientar condutores de veículos quanto a percursos, destinos, distâncias e serviços auxiliares, podendo, também, educar o usuário.

USE O CINTO DE SEGURANÇA

Painéis eletrônicos

São dispositivos instalados em vias urbanas e rodovias, com a finalidade de informar e educar os condutores de veículos.

Painel eletrônico, Rodovia dos Bandeirantes, 2010.

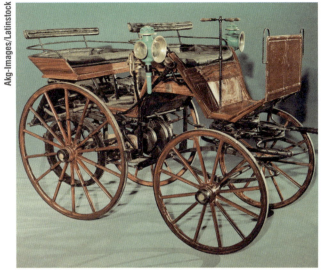

Carro Gottlieb Daimler. 1886.

Em 1886, Gottlieb Daimler construiu um veículo de quatro rodas movido a vapor de petróleo.

Em 1892, entusiasmado com as invenções de Daimler e Benz, Armand Peugeot também resolveu construir seu veículo. O Type 4 usava motor fornecido pela Daimler, que levava o carrinho aos 25 km/h.

Carro Peugeot. Peugeot Type 4 de 1892 - Musée Peugeot Sochaux.

Modelo Ford de 1903.

Em 1903, nos Estados Unidos, surge a Ford Motors Company, de Henry Ford, produzindo carros de baixo preço e pouco luxo.

Assim, a fabricação de automóveis se tornou intensa, oferecendo mais conforto e segurança aos seus usuários.

Pesquise!

Faça uma pesquisa sobre a invenção da roda.

Da maria-fumaça ao metrô

Em 1814, na Inglaterra, surge a primeira locomotiva, iniciando a era das ferrovias.

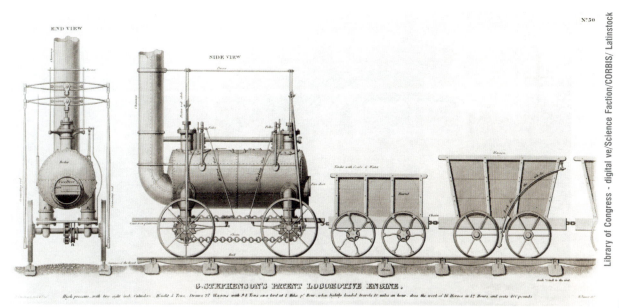

Locomotiva 1814 – Planos para a primeira locomotiva movida a vapor – os primórdios do sistema ferroviário – usada por George Stephenson em Stockton e Darlington Railway, na Inglaterra.

No Brasil, a primeira ferrovia foi construída em 1854, no governo de D. Pedro II, por Irineu Evangelista de Souza, Barão de Mauá.

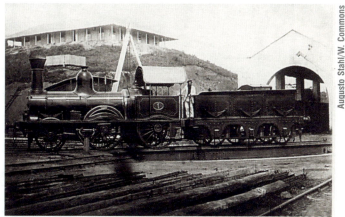

Primeira locomotiva da Recife and São Francisco Railway Company, na segunda ferrovia construída no Brasil, na província de Pernambuco, 1858.

Em 1897, o engenheiro Rudolf Diesel inventou o motor movido a óleo diesel. A partir da década de 1950, os trens movidos a vapor passaram a ser tracionados por motores a diesel.

Locomotiva movida a diesel. Lituânia, 2009.

O trem continuou evoluindo e, em 1863, surge o metrô em Londres.

Metrô. Londres, 1863.

Os trens modernos percorrem grandes distâncias, passando por túneis construídos para atravessar montanhas e grandes pontes sobre os rios.

Túnel de passagem de trem. Portugal, 2010.

Os metrôs são trens, quase sempre subterrâneos, para o transporte de grande número de pessoas.

Estação do metrô de Teresina. Metrô subterrâneo. Piauí, 2010.

Organize

Organize uma linha do tempo representando as invenções dos meios de transporte.

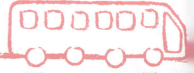

A importância do transporte coletivo

O aumento desordenado do número de veículos nas vias das grandes cidades está gerando grandes congestionamentos.

Congestionamento. Ibirapuera, São Paulo, 2010.

Quando as pessoas utilizam os ônibus e os metrôs, estão colaborando com a harmonia do trânsito e com a preservação do meio ambiente, já que menos veículos circularão nas vias públicas e menos agentes poluidores serão lançados no ar pelos motores.

Ônibus biarticulado, Passeio Público. Curitiba, 2009.

Estação Cantagalo de Metrô. Rio de Janeiro, 2008.

A ação de todas as pessoas é necessária para a construção de uma vida melhor.

Ficar atento à sinalização das vias é muito importante, pois ela organiza o fluxo dos veículos e dos pedestres e garante a segurança e a preservação da vida de todos no trânsito.

**Respeite a sinalização.
Preserve as placas de sinalização.
Elas nos orientam no trânsito.**

 Recorte!

Recorte e cole a sinalização que corresponde a cada situação.

3 Conhecendo a minha cidade

Minha cidade

O conhecimento sobre a cidade em que moramos é um fator importante para o deslocamento seguro.

Localizar os principais bairros e as vias de acesso e saber que meio de transporte utilizar são fundamentais para uma circulação mais funcional.

É importante também sabermos onde estão localizados hospitais, escolas, clubes, parques e praças, farmácias, lojas, módulos ou bases policiais e tudo o que se faz necessário na nossa vida diária.

Assim, para irmos de um local para outro, poderemos escolher melhor qual o meio de transporte a utilizar: ônibus, trem, metrô, automóvel, bicicleta, etc., e quais as ruas mais indicadas para um deslocamento rápido e seguro.

O uso de mapas da cidade possibilita a visualização de todos os bairros e suas ligações, tornando mais fácil a escolha do caminho.

Desenhe!

1. Desenhe, no quadro abaixo, o mapa de sua cidade e, depois, localize nele o seu bairro.

2. Escreva o nome das ruas que apresentam maior movimento de trânsito no seu bairro.

_____
_____
_____
_____
_____
_____
_____

3. Pinte, com cores diferentes, o melhor caminho para o pedestre chegar a cada um dos locais determinados.

Trânsito e progresso

Tudo o que um município ou região produz é transportado de um lugar para outro.

A carroça, o caminhão, a camioneta, o carro de mão, a motoneta, a motocicleta, o quadriciclo, o reboque ou semirreboque e o triciclo são veículos para transporte de carga – transitam de um lugar para outro levando produtos.

Estrada com caminhões. Mato Grosso do Sul, 2010.

Motociclista em Bali, Indonésia, 2009.

Carroça em Paraty (RJ), 2009.

É preciso que o presidente da República, os governadores dos estados e os prefeitos dos municípios planejem e organizem as vias de tráfego para garantir a segurança e a integridade das pessoas e dos produtos transportados.

O trânsito depende também da forma como as pessoas o utilizam. Destruir uma placa de sinalização e colocar pedras, pneus velhos, pedaços de madeira, ou qualquer objeto que obstrua uma via de tráfego coloca em risco a segurança de todos.

Cuidar do que é de todos é ação do cidadão comprometido com o progresso de sua região, do país e do mundo.

Identifique!

Identifique e apresente com recortes e colagem os veículos de carga mais utilizados na sua região.

A boa convivência no transporte coletivo

Como passageiros de transporte coletivo, temos que compartilhar o espaço com outras pessoas.

Para uma boa convivência, é necessário que cada um respeite o espaço do outro.

As atitudes corretas garantem a harmonia e a segurança de todos.

Ao esperarmos o ônibus na calçada, devemos ficar longe do meio-fio e só embarcar quando o veículo estiver totalmente parado.

Pessoas idosas, pessoas com deficiência e mulheres grávidas têm a preferência.

Observe!

Observe a gravura e escreva um texto com o título "Brincadeira perigosa".

_____
_____
_____
_____
_____
_____
_____
_____
_____
_____
_____

47

O bom esportista é sempre responsável, disciplinado e saudável.

Preserve a sua vida.

Localize!

1. Localize e descreva quais são os locais próprios para a prática de *skate* e patins em sua cidade.

Skate:

_____

_____

_____

_____

Crianças em pista de *skate*.

Patins:

_____

_____

_____

_____

_____

Mulher andando de patins com os equipamentos de segurança.

Sempre atento!

Jogar bola é legal. Participar de competições e brincadeiras com os amigos, fazer parte de times, torcer com entusiasmo, vestir a camisa de um clube são atividades que fazem parte da vida diária de muitos estudantes.

Crianças jogando bola.

Fique atento! Deixe para fazer as brincadeiras com bola nos horários adequados e nos locais determinados para esse fim.

A rua é local de circulação de veículos, e as calçadas foram feitas para o trânsito de pedestres. Qualquer distração pode causar um acidente.

Na rua, você deve sempre prestar muita atenção para estar sempre em segurança.

Não jogue bola na rua.

3. Monte uma equipe com alguns colegas e façam uma maquete que represente o transporte coletivo de seu município.

4 Respeitando os espaços

Os esportes radicais sobre rodas

Andar de *skate* e patins é divertido e saudável, mas os riscos de acidentes e quedas são grandes; o limite para as manobras perigosas pode ser o chão.

Os esportistas que lotam as rampas de *skate* e as pistas de patinação precisam utilizar todos os equipamentos de proteção para garantir a sua segurança.

Os equipamentos mais importantes são o capacete apropriado para cada esporte, a cotoveleira, a joelheira e a munhequeira.

Skatista.

As vias de trânsito e as calçadas não são lugares permitidos para a prática de *skate* ou patins.

Pegar "carona" de *skate* ou patins na traseira de um ônibus pode causar um acidente muito grave, colocando em risco a sua vida.

Quando o ônibus estiver em movimento e você estiver em pé, é importante se segurar em lugar apropriado. O veículo pode frear de repente e causar sua queda.

Nada de jogar lixo dentro do ônibus. Você sabe que papéis, plásticos, latas, etc. podem ser reciclados. Dê-lhes o destino correto.

Ao desembarcar, espere o veículo partir, olhe com atenção para os dois lados e só depois atravesse a rua com segurança.

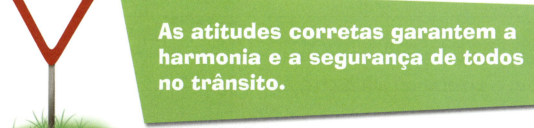

As atitudes corretas garantem a harmonia e a segurança de todos no trânsito.

Escreva!

1. Escreva os principais cuidados que o usuário de transporte coletivo deve ter.

   _____
   _____
   _____
   _____
   _____
   _____
   _____

2. Descreva a importância do transporte coletivo em seu município.

   _____
   _____
   _____
   _____
   _____
   _____
   _____
   _____
   _____

5 O pedestre nota 10

Os desafios da atualidade

É um desafio salvar o mundo do aquecimento global e melhorar a qualidade de vida na Terra. É preciso fazer algo. E devemos fazê-lo já.

O veículo não é o meio de transporte mais correto ecologicamente, devido à emissão de gases na atmosfera. Devemos pensar nisso antes de embarcar num carro para irmos a lugares aonde poderíamos ir a pé.

Andar é uma prática saudável e ecologicamente correta.

Fazer caminhadas nos parques, respirando o ar puro do local, causa um grande bem-estar e faz bem à saúde física e mental.

Pessoas caminhando no Parque Curupira, Ribeirão Preto (SP), 2006.

Desenhe!

Apresente com desenho, recorte de revistas e colagem os locais apropriados para a prática de caminhadas.

Nossos comportamentos

Algumas pessoas são irritadas, perdem a calma facilmente, não mudam de opinião; outras são calmas, alegres e comunicativas.

O nosso comportamento é o conjunto de nossas ações individuais ou reflexo do grupo de que fazemos parte. Como vivemos em sociedade, fatores externos podem afetar nosso comportamento. Fatores externos são as influências que o meio físico exerce sobre a pessoa.

Vemos constantemente pessoas que, após assistirem a um jogo de futebol, por exemplo, saem do estádio brigando, quebrando placas de sinalização de trânsito, invadindo as pistas de rolamento, depredando ônibus, apresentando comportamento diferente do habitual, influenciados pela torcida, pelo resultado do jogo ou pelo comportamento do grupo a que pertencem.

Cada um de nós é livre para escolher o grupo ao qual deseja pertencer, mas é importante que em qualquer situação sejamos sempre conscientes, isto é, pessoas que respeitam os direitos dos outros para ter os seus respeitados.

Cidadão consciente no trânsito é cidadão seguro.

Observe e relate

1. Verifique com atenção algumas ruas de seu bairro e depois relate o que se pede abaixo:

   a) Há telefone público? Em caso afirmativo, em que condições ele se encontra?

   _____
   _____
   _____
   _____

b) Há pontos de ônibus nessas ruas? Como eles se apresentam?

_____

_____

_____

_____

_____

_____

_____

c) As placas de sinalização de trânsito encontram-se em boas condições? Se não, descreva a situação encontrada.

_____

_____

_____

_____

_____

d) Como estão os muros e as paredes?

_____

_____

_____

_____

_____

2. Na situação que você observou, o que mais lhe chamou a atenção?

_____
_____
_____
_____

3. Que tipo de comportamento humano você citaria como elemento determinante na situação observada por você?

_____
_____
_____
_____

4. Você leu o texto "Nossos comportamentos" e observou e relatou as condições de algumas ruas de seu bairro. Agora, escreva algumas normas de comportamento humano que você acha importantes para garantir a segurança de todos no trânsito.

_____
_____
_____
_____
_____
_____

Placas de sinalização de trânsito
Placas de regulamentação

 Parada obrigatória.
 Dê a preferência.
 Sentido proibido.
 Proibido virar à esquerda.

 Proibido virar à direita.
 Proibido retornar à esquerda.
 Proibido retornar à direita.
 Proibido estacionar.

 Estacionamento regulamentado.
 Proibido parar e estacionar.
 Proibido ultrapassagem.
 Proibido mudar de faixa ou pista de trânsito da esquerda para a direita.

 Proibido mudar de faixa ou pista de trânsito da direita para a esquerda.
 Proibido trânsito de caminhões.
 Proibido trânsito de veículos automotores.
 Proibido trânsito de veículos de tração animal.

 Proibido trânsito de bicicletas.
 Proibido trânsito de tratores e máquinas de obras.
 Peso bruto total máximo permitido.
 Altura máxima permitida.

Largura máxima permitida.

Peso máximo permitido por eixo.

Comprimento máximo permitido.

Velocidade máxima permitida.

Proibido acionar buzina ou sinal sonoro.

Alfândega.

Uso obrigatório de corrente.

Conserve-se à direita.

Sentido de circulação da via ou pista.

Passagem obrigatória.

Vire à esquerda.

Vire à direita.

Siga em frente ou à esquerda.

Siga em frente ou à direita.

Siga em frente.

Ônibus, caminhões e veículos de grande porte, mantenham-se à direita.

Duplo sentido de circulação.

Proibido trânsito de pedestre.

Pedestre, ande pela esquerda.

Pedestre, ande pela direita.

 Circulação exclusiva de ônibus.
 Sentido circular na rotatória.
 Circulação exclusiva de bicicletas.
 Ciclista, transite à esquerda.

 Ciclista, transite à direita.
 Ciclista à esquerda, pedestre à direita.
 Ciclista à direita, pedestre à esquerda.
 Proibido trânsito de motocicletas, motonetas e ciclomotores.

 Proibido trânsito de ônibus.
 Circulação exclusiva de caminhão.
 Trânsito proibido a carros de mão.
 Informações complementares 1.

 Informações complementares 2.
 Informações complementares 3.
 Informações complementares 4.
 Informações complementares 5.

 Informações complementares 6.
 Informações complementares 7.
 Informações complementares 8.
 Informações complementares 9.

Informações complementares 10.

Informações complementares 11.

Informações complementares 12.

Informações complementares 13.

Informações complementares 14.

Informações complementares 15.

Placas de advertência

Curva acentuada à esquerda.

Curva acentuada à direita.

Curva à esquerda.

Curva à direita.

Pista sinuosa à esquerda.

Pista sinuosa à direita.

Curva acentuada em "s" à esquerda.

Curva acentuada em "s" à direita.

Curva em "s" à esquerda.

Curva em "s" à direita.

Cruzamento de vias.

Via lateral à esquerda.

 Via lateral à direita.
 Interseção em "T".
 Bifurcação em "Y".
 Entroncamento oblíquo à esquerda.

 Entroncamento oblíquo à direita.
 Junções sucessivas contrárias, primeira à esquerda.
 Junções sucessivas contrárias, primeira à direita.
 Interseção em círculo.

 Confluência à esquerda.
 Confluência à direita.
 Semáforo à frente.
 Parada obrigatória.

 Bonde.
 Pista irregular.
 Saliências ou lombadas.
 Depressão.

 Declive acentuado.
 Aclive acentuado.
 Estreitamento de pista ao centro.
 Estreitamento de pista à esquerda.

Estreitamento de pista à direita. | Alargamento de pista à esquerda. | Alargamento de pista à direita. | Ponte estreita.

Ponte móvel. | Obras. | Mão dupla adiante. | Sentido único.

Sentido duplo. | Área com deslizamento. | Pista escorregadia. | Projeção de cascalho.

Trânsito de ciclistas. | Passagem sinalizada de ciclistas. | Trânsito compartilhado por ciclistas e pedestres. | Trânsito de tratores ou maquinaria agrícola.

Trânsito de pedestres. | Passagem sinalizada de pedestres. | Área escolar. | Passagem sinalizada de escolares.

| Crianças. | Animais. | Animais selvagens. | Altura limitada. |

| Largura limitada. | Passagem de nível sem barreira. | Passagem de nível com barreira. | Cruz de Santo André. |

| Início da pista dupla. | Início da pista dupla. | Pista dividida. | Aeroporto. |

| Vento lateral. | Rua sem saída. | Peso bruto total limitado. | Peso limitado por eixo. |

Comprimento limitado.

ÔNIBUS NO CONTRAFLUXO A 100 m

Sinalização especial de advertência para faixas ou pistas.

PISTA EXCLUSIVA DE ÔNIBUS A 150 m

Sinalização especial de advertência para faixas ou pistas.

FIM DA FAIXA EXCLUSIVA A 100 m

Sinalização especial de advertência para faixas ou pistas.

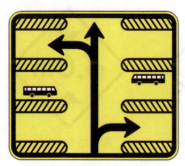

Sinalização especial de advertência para faixas ou pistas exclusivas de ônibus.

Sinalização especial de advertência para pedestres.

Sinalização especial de advertência para pedestres.

CAMINHÕES PESAGEM OBRIGATÓRIA A 500m

Sinalização especial de advertência para restrições ou imposição para os usuários da via.

MG 50 PERMITIDO CAMINHÕES ATÉ 2 EIXOS

Sinalização especial de advertência para restrições ou imposição para os usuários da via.

SAÍDA DE EMERGÊNCIA Corpo de Bombeiros A 100m

Sinalização especial de advertência para condições da pista ou condições climáticas.

TRECHO SUJEITO A ALAGAMENTO

Sinalização especial de advertência para condições da pista ou condições climáticas.

TRECHO SUJEITO A NEBLINA

Sinalização especial de advertência para condições da pista ou condições climáticas.

A 300 m

Informações complementares 1.

PRÓXIMOS 300 m

Informações complementares 2.

ÚLTIMA SAÍDA

Informações complementares 3.

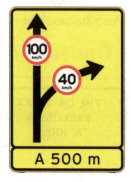

Sinalização especial de advertência para vias de trânsito rápido.

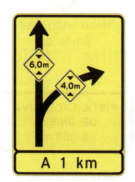

Sinalização especial de advertência para vias de trânsito rápido.

ÚLTIMA SAÍDA

Informações complementares 4.

PRÓXIMA QUADRA

Informações complementares 6.

ÚLTIMA SAÍDA A 200 m

Informações complementares 5.

Informações complementares 7.

Referências

ASSOCIAÇÃO NACIONAL DE PRESERVAÇÃO FERROVIÁRIA. **A História nos Trilhos**. Disponível em: <www.anpf.com.br/histnostrilhos>. Acesso em: 22 ago. 2010.

BRASIL. **Código de Trânsito Brasileiro**. Brasília: Imprensa Nacional, 1998.

CRIANÇA SEGURA. Disponível em: <www.criancasegura.org.br>. Acesso em: 22 ago. 2010.

CÓDIGO DE TRÂNSITO BRASILEIRO, Imprensa Nacional, Brasília, 1998.

DEPARTAMENTO DE TRÂNSITO DE RORAIMA – Detran/RR. **Projeto Transitar**. Disponível: <detran.rr.gov.br/projetotransitar>. Acesso em: 22 ago. 2010.

DEPARTAMENTO DE TRÂNSITO E SECRETARIA DE EDUCAÇÃO DO ESTADO DA BAHIA. **Projeto de Educação de Trânsito**. Salvador, 1999.

EDUCAÇÃO NO TRÂNSITO. Curitiba: Trânsito Tecnodata, 2001.

EDUCAÇÃO PARA O TRÂNSITO. **Ilha Mágica – Transitando com Segurança**. Disponível em: <www.ilhamagica.com.br/transitandocomseguranca>. Acesso em: 22 ago. 2010.

FUNDAÇÃO EDUCAR DPaschoal. Disponível em: <www.educardpaschoal.org.br>. Acesso em: 22 ago. 2010.

HILLAND, Thomas; MUSTIENES, Carlos. **Color Signs**. São Paulo: Taschen do Brasil, 2006. (Icons).

KUTIANSKI, Maria Lúcia A.; ARAÚJO, Silvio J. Mazalotti de. **Educando para o trânsito – Educação Infantil**, Kalimera, São Paulo, 1999.

Tecnodata. **Educação no Trânsito**, Curitiba, 2001.

TOLENTINO, Nereide. **Trânsito**: Qualidade de Vida do Condutor e o Código de trânsito Brasileiro, São Paulo: Edicom, 2001.

UNIVERSIDADE FEDERAL DO RIO GRANDE DO SUL. **Empresa Pública de Transporte e Circulação – EPTC**. Disponível em: <www.ufrgs.br/GPECT>. Acesso em: 22 ago. 2010.

UNIVERSIDADE FEDERAL DO RIO DE JANEIRO. **Trânsito com vida**. Disponível em: <www.transitocomvida.ufrj.br>. Acesso em: 22 ago. 2010.

SITES:

<www.criançasegura.org.br>

<www.educardpaschoal.org.br>

<www.ufrgs.br/GPECT>

<www.transitocomvida.ufrj.br>

<www.detranpr.gov.br>

<www.detranrr.gov.br/projetotransitar>

<www.ilhamagica.com.br/transitandocomsegurança>

<www.tomasfaria.blogspot.com/2008 04 01 archive.html>

<www.anpf.com.br/histnostrilhos>

<www.fortunecity.com/.../560/automovel.html>